dick bruna

boris
en barbara

van goor - amsterdam/antwerpen

boris beer had een vriendin

zij heette barbara

en zij had zeven sproeten

ja heus hoor, tel maar na

hier zie je het wat beter

zo'n vlekje heet een sproet

en boris beer zei altijd:

die sproeten staan jou goed

en op een dag zei boris:

kom barbara, want dan

zal ik aan jou eens laten zien

hoe goed ik klimmen kan

zij gingen naar het bos toe

heel spannend was het daar

er stonden hoge bomen

en heel dicht bij elkaar

let nu maar op, zei boris

toen tegen zijn vriendin

hij zocht een dikke boom uit

en klom er handig in

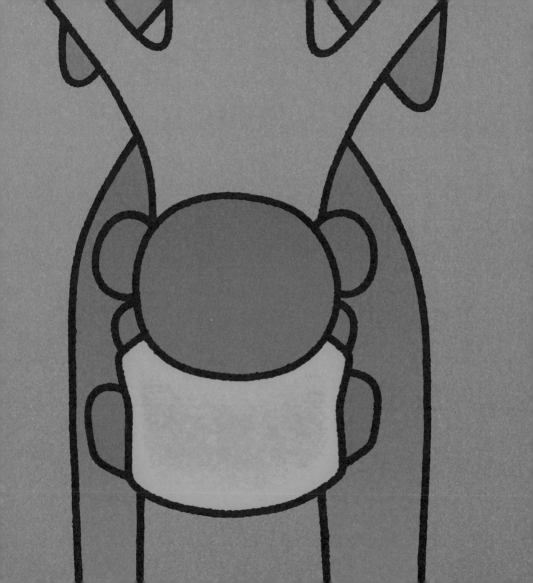

maar barbara, die 't toch wel

wat erg gevaarlijk vond

riep: boris, doe voorzichtig

en val niet op de grond

ik niet, riep boris, kijk maar

hoe makkelijk het is

ik kan met losse handen

en toen…toen ging het mis

zijn voet gleed uit en boris

- en dat was niet zo fijn -

kwam op een harde tak terecht

en dat deed erge pijn

hij liet zich langzaam zakken

hier zie je boris gaan

hij deed nu heel voorzichtig

wat had hij dom gedaan

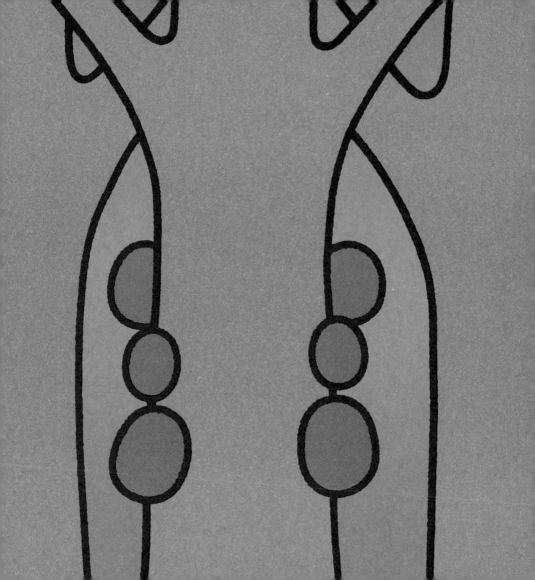

zijn kin deed erge pijn, hoor

het was een harde klap

maar barbara zei: boris

ik haal een natte lap

zij rende door het bos heen

daar kwam zij al weer aan

en riep: hou deze natte lap

er stevig tegenaan

dát was een goed idee, zeg

de pijn ging er vandoor

en boris zei: ik klim nóóit meer

met losse handen, hoor

DICK BRUNA KINDERBOEKEN

Ik kan lezen
Ik kan nog meer lezen
Ik kan nog véél meer lezen
Ik kan moeilijke woorden lezen
Ik kan sommen maken
Ik kan nog meer sommen maken
Telboek 1
Telboek 2
Mijn hemd is wit
Boek zonder woorden
Boek zonder woorden 2
Boek zonder woorden 3
Heb jij een hobbie?
Ik ben een clown
Rond, vierkant, driehoekig
De appel
Fien en Pien
Poesje Nel
Het vogeltje
Nijntje
Nijntje aan zee
Nijntje in de dierentuin
Nijntje in de sneeuw
Circus
Het ei
De koning
De matroos
De school
De vis

Klein Duimpje
Roodkapje
Sneeuwwitje
Snuffie
Snuffie en de brand
Nijntje vliegt
Het feest van Nijntje
Nijntje in de speeltuin
Nijntje in het ziekenhuis
Bloemenboek
Betje Big
De tuin van Betje Big
Betje Big gaat naar de markt
Dieren uit ons land
Dieren uit andere landen
Nijntje's droom
Jan
Nijntje op de fiets
De redding
Wij hebben een orkest
Nijntje op school
Nijntje gaat logeren
Opa en Oma Pluis
Sportboek
Wie zijn hoed is dat?
Wie zijn rug is dat?
Lente, zomer, herfst en winter
De verjaardag van Betje Big
De puppies van Snuffie
Stoeprand ... Stop

OOK VAN DICK BRUNA

Kerstmis
B is een Beer
Dierenboek
Assepoester

NIEUW VAN DICK BRUNA

Boris Beer
Boris en Barbara
Boris op de berg

1989
ISBN 90 00 027 373
NUGI 230, SBO 7
Exclusively arranged and produced by
De Boekerij/Van Goor bv., Amsterdam
Text copyright © Dick Bruna 1989
Illustrations Dick Bruna. © copyright Mercis bv. 1989
Gedrukt en gebonden bij Brepols Fabrieken N.V., Turnhout